Mein großes MÄRCHENBUCH

Mit Bildern von Dagmar Kammerer

Schwager & Steinlein

© Schwager & Steinlein Verlag GmbH
Emil-Hoffmann-Straße 1, D-50996 Köln
Illustrationen von Dagmar Kammerer
Gesamtherstellung: Schwager & Steinlein Verlag GmbH
Alle Rechte vorbehalten

www.schwager-steinlein-verlag.de

Inhalt

Rotkäppchen	4
Frau Holle	14
Der gestiefelte Kater	24
Aschenputtel	36
König Drosselbart	46
Hänsel und Gretel	58
Dornröschen	70
Der Froschkönig oder Der eiserne Heinrich	82
Schneewittchen	94
Das tapfere Schneiderlein	106
Der Wolf und die sieben Geißlein	118

Rotkäppchen

Es war einmal ein kleines süßes Mädchen, das ein jeder lieb hatte, der es nur ansah, am allerliebsten aber seine Großmutter. Einmal schenkte sie ihm ein Käppchen von rotem Samt, und weil es nichts anderes mehr tragen wollte, hieß es von da an nur das Rotkäppchen. Eines Tages sprach die Mutter zu ihm: »Komm, Rotkäppchen, da hast du ein Stück Kuchen und eine Flasche Wein, bring das der Großmutter hinaus; sie ist krank und schwach und wird sich daran laben. Geh hübsch sittsam und lauf nicht vom Weg ab.« Die Großmutter wohnte draußen im Wald, eine halbe Stunde vom Dorf. Als Rotkäppchen in den Wald kam, begegnete ihm der Wolf. Rotkäppchen aber wusste nicht, was das für ein böses Tier war, und fürchtete sich nicht vor ihm. »Guten Tag, liebes Rotkäppchen«, sprach er. »Schönen Dank, Wolf.« – »Wohin so früh, Rotkäppchen?« – »Zur Großmutter.« – »Rotkäppchen, wo wohnt denn deine Großmutter?«

»Noch eine gute Viertelstunde weiter im Wald, unter den drei großen Eichbäumen, da steht ihr Haus«, sagte Rotkäppchen. Der Wolf dachte bei sich: »Das junge zarte Ding, das ist ein fetter Bissen, der wird noch besser schmecken als die Alte. Du musst es listig anfangen, damit du beide schnappst.« Da ging er ein Weilchen neben Rotkäppchen her, dann sprach er: »Rotkäppchen, sieh einmal die schönen Blumen, die ringsumher stehen, warum guckst du dich nicht um?« Rotkäppchen schlug die Augen auf, und als es sah, wie alles voll schöner Blumen stand, dachte es: »Wenn ich der Großmutter einen frischen Strauß mitbringe, der wird ihr auch Freude machen. Es ist so früh am Tag, dass ich doch zu rechter Zeit ankomme«, lief vom Wege ab in den Wald hinein und suchte Blumen. Und wenn es eine gebrochen hatte, meinte es, weiter hinaus stände eine schönere, und geriet immer tiefer in den Wald hinein.

Der Wolf aber ging geradewegs zu dem Haus der alten Großmutter und klopfte an die Türe. »Wer ist dort draußen?«, fragte die Großmutter. »Rotkäppchen, das bringt dir Kuchen und Wein, mach auf«, sagte der Wolf mit verstellter Stimme. »Drück nur auf die Klinke«, rief die Großmutter, »ich bin zu schwach und kann nicht aufstehen.« Der Wolf drückte auf die Klinke, die Türe sprang auf, und er ging, ohne ein Wort zu sprechen, gerade zum Bett der Großmutter und verschluckte sie. Dann zog er ihre Kleider an, setzte ihre Haube auf, legte sich in ihr Bett und zog die Vorhänge vor. Rotkäppchen aber war nach den Blumen herumgelaufen, und als es so viel zusammen hatte, dass es keine mehr tragen konnte, fiel ihm die Großmutter wieder ein, und es machte sich auf den Weg zu ihr. Als Rotkäppchen bei dem Haus der Großmutter angekommen war, wunderte es sich, dass die Türe aufstand. Und als es in die Stube trat, so kam es ihm so seltsam darin vor, dass es dachte: »Ei, du mein Gott, wie ängstlich wird mir's heute zumute, und bin sonst so gerne bei der Großmutter!« Es rief »Guten Morgen«, bekam aber keine Antwort.

Darauf ging es zum Bett und zog die Vorhänge zurück. Da lag die Großmutter und hatte die Haube tief ins Gesicht gesetzt und sah so wunderlich aus. »Ei, Großmutter, was hast du für große Ohren!« »Dass ich dich besser hören kann.« – »Ei, Großmutter, was hast du für große Augen!« – »Dass ich dich besser sehen kann.« – »Ei, Großmutter, was hast du für große Hände!« – »Dass ich dich besser packen kann.« »Aber, Großmutter, was hast du für ein entsetzlich großes Maul!« »Dass ich dich besser fressen kann.« Kaum hatte der Wolf das gesagt, tat er einen Satz aus dem Bette und verschlang das arme Rotkäppchen. Als der Wolf seinen Hunger gestillt hatte, legte er sich wieder ins Bett, schlief ein und fing an, überlaut zu schnarchen. Der Jäger ging eben an dem Haus vorbei und dachte: »Wie die alte Frau schnarcht, du musst doch sehen, ob ihr etwas fehlt.«

Da trat er in die Stube, und als er vor das Bett kam, so sah er, dass der Wolf darin lag. »Finde ich dich hier, du alter Sünder«, sagte er, »ich habe dich lange gesucht.« Nun wollte er seine Büchse anlegen, da fiel ihm ein, der Wolf könnte die Großmutter gefressen haben und sie wäre noch zu retten. Deshalb schoss er nicht, sondern nahm eine Schere und fing an, dem schlafenden Wolf den Bauch aufzuschneiden. Als er ein paar Schnitte getan hatte, sah er schon das rote Käppchen leuchten, und noch ein paar Schnitte, da sprang das Mädchen heraus und rief: »Ach, wie war ich erschrocken, wie war's so dunkel in dem Leib des Wolfes!« Und dann kam die alte Großmutter auch noch lebendig heraus und konnte kaum atmen. Rotkäppchen aber holte geschwind große Steine, damit füllten sie dem Wolf den Leib, und als er aufwachte, wollte er fortspringen, aber die Steine waren so schwer, dass er gleich niedersank und sich zu Tode stürzte. Da waren alle drei vergnügt. Der Jäger zog dem Wolf den Pelz ab und ging damit heim, die Großmutter aß den Kuchen und trank den Wein und erholte sich wieder. Rotkäppchen aber dachte: »Du willst nie wieder allein vom Wege ab in den Wald laufen, wenn dir's die Mutter verboten hat.«

Frau Holle

Eine Witwe hatte zwei Töchter, davon war die eine schön und fleißig und die andere hässlich und faul. Sie hatte die hässliche und faule, weil sie ihre rechte Tochter war, viel lieber, und die andere musste alle Arbeit tun und das Aschenputtel im Hause sein. Das arme Mädchen musste sich täglich neben einen alten Brunnen setzen und musste so viel spinnen, dass ihm das Blut aus den Fingern lief. Nun trug es sich zu, dass die Spule einmal ganz blutig war, da bückte es sich damit in den Brunnen und wollte sie abwaschen. Sie sprang ihm aber aus der Hand und fiel hinab. Es weinte, lief zur Stiefmutter und erzählte das Unglück. Sie schalt es aber so heftig und war so unbarmherzig, dass sie sprach: »Hast du die Spule unachtsam hinunterfallen lassen, so hol sie auch wieder herauf.« Da ging das Mädchen zu dem Brunnen zurück und wusste nicht, was es anfangen sollte, und in seiner Herzensangst sprang es in den Brunnen hinein, um die Spule zu holen. Es verlor die Besinnung, und als es erwachte und wieder zu sich kam, war es auf einer schönen Wiese, wo die Sonne schien und vieltausend Blumen standen. Auf dieser Wiese ging es fort und kam zu einem Backofen, der war voller Brot; das Brot aber rief: »Ach, zieh mich raus, zieh mich raus, sonst verbrenn ich. Ich bin schon längst ausgebacken.« Da trat es herzu und holte mit dem Brotschieber alle Brote nacheinander heraus.

Danach ging es weiter und kam zu einem Baum. Er hing voll Äpfel und rief ihm zu: »Ach, schüttel mich, schüttel mich, wir Äpfel sind alle miteinander reif.« Da schüttelte es den Baum kräftig, dass die Äpfel fielen, als regneten sie, und schüttelte, bis kein einziger mehr oben war; und als es alle ordentlich auf einen Haufen zusammengelegt hatte, ging es wieder weiter.

Endlich kam es zu einem kleinen Haus, daraus guckte eine alte Frau. Weil sie aber so große Zähne hatte, wurde ihm angst, und es wollte fortlaufen. Die alte Frau aber rief ihm nach: »Was fürchtest du dich, liebes Kind? Bleib bei mir, wenn du alle Arbeit im Hause ordentlich tun willst, so soll dir's gut gehn. Du musst nur Acht geben, dass du mein Bett recht gut machst und es fleißig aufschüttelst, dass die Federn fliegen, dann schneit es in der Welt; ich bin die Frau Holle.«

Weil die Alte ihm so gut zusprach, fasste sich das Mädchen ein Herz, willigte ein und begab sich in ihren Dienst. Es besorgte auch alles nach ihrer Zufriedenheit und machte seine Arbeit gut.

Es schüttelte ihr das Bett immer gewaltig auf, dass die Federn wie Schneeflocken umherflogen, und die Menschen freuten sich, dass es schneite. Für seinen Dienst hatte es auch ein gutes Leben bei der Frau Holle, die ihm kein böses Wort sagte und alle Tage Gesottenes und Gebratenes zu essen gab. Nun war es eine Zeit lang bei der Frau Holle, da wurde es traurig und wusste anfangs selbst nicht, was ihm fehlte. Endlich merkte es, dass es Heimweh war, was es so quälte. Obwohl es ihm hier gleich vieltausendmal besser ging als zu Hause, wo es immer alle Arbeit tun musste und die Stiefmutter und die Schwester garstig zu ihm waren, so hatte es doch Verlangen dahin. Endlich sagte es zu ihr: »Ich habe Sehnsucht nach Hause bekommen, und wenn es mir auch noch so gut hier unten geht, so kann ich doch nicht länger bleiben, ich muss nun wieder hinauf zu den Meinigen.«

Die Frau Holle sagte: »Es gefällt mir, dass du wieder nach Hause verlangst, und weil du mir so treu gedient hast, so will ich dich selbst wieder hinaufbringen.« Sie nahm das fleißige Mädchen darauf bei der Hand und führte es vor ein großes Tor, das ihm bis dahin verborgen geblieben war.

Das Tor wurde aufgetan, und wie das Mädchen gerade darunter stand, fiel ein gewaltiger Goldregen, und alles Gold blieb an ihm hängen, sodass es über und über davon bedeckt war. »Das sollst du haben, weil du so fleißig gewesen bist«, sprach die Frau Holle und gab ihm auch die Spule wieder, die ihm in den Brunnen gefallen war. Darauf wurde das Tor verschlossen, und das Mädchen befand sich oben auf der Welt, nicht weit von seiner Mutter Haus. Und als es in den Hof kam, saß der Hahn auf dem Brunnen und rief: »Kikeriki, unsere goldene Jungfrau ist wieder hie.« Da ging es hinein zu seiner Mutter, und weil es so mit Gold bedeckt ankam, wurde es von ihr und der Schwester gut aufgenommen. Das Mädchen erzählte alles, was ihm begegnet war, und als die Mutter hörte, wie es zu dem großen Reichtum gekommen war, wollte sie der andern Tochter gerne dasselbe Glück verschaffen. Diese setzte sich zum Spinnen an den Brunnen, und damit ihre Spule blutig wurde, stach sie sich in den Finger. Dann warf sie die Spule in den Brunnen und sprang selber hinein.

Sie kam wie die andere zu dem Backofen, und das Brot bat auch sie, es herauszuziehen. Die Faule aber wollte sich nicht schmutzig machen und ging fort. Bald kam sie zu dem Apfelbaum, den sie schütteln sollte. Sie aber ging unverrichteter Dinge weiter. Als sie vor Frau Holles Haus kam, verdingte sie sich ihr gleich. Am ersten Tag war sie noch fleißig, denn sie dachte an das viele Gold, ab dem zweiten Tag aber fing sie schon zu faulenzen an, am dritten noch mehr, da wollte sie morgens gar nicht aufstehen. Sie machte auch der Frau Holle das Bett nicht, wie sich's gebührte. Da sagte ihr die Frau Holle den Dienst auf. Die Faule meinte, nun würde der Goldregen kommen; Frau Holle führte sie auch zu dem Tor, als sie aber darunter stand, wurde statt des Goldes ein großer Kessel voll Pech ausgeschüttet.

»Das ist zur Belohnung deiner Dienste«, sagte Frau Holle und schloss das Tor zu. Da kam die Faule heim, und der Hahn rief aus, als er sie so sah: »Kikeriki, unsere schmutzige Jungfrau ist wieder hie.« Das Pech aber blieb fest an ihr hängen und wollte, solange sie lebte, gar nicht mehr abgehen.

Der gestiefelte Kater

Ein Müller hatte drei Söhne, seine Mühle, einen Esel und einen Kater. Als er starb, teilten sich die drei Söhne die Erbschaft, der älteste bekam die Mühle, der zweite den Esel, der dritte den Kater, weiter blieb nichts für ihn übrig. Da war er sehr traurig und sprach zu sich selbst: »Ich hab es von uns dreien doch am schlimmsten getroffen. Was kann ich mit dem Kater anfangen?«

»Hör«, fing der Kater an, der alles verstanden hatte, »lass mir nur ein Paar Stiefel machen, dass ich mich unter den Leuten sehen lassen kann, dann soll dir bald geholfen sein.«

Der Müllerssohn wunderte sich, weil aber eben der Schuster vorbeiging, ließ er dem Kater ein Paar Stiefel anmessen. Als sie fertig waren, zog der Kater sie an, nahm einen Sack, machte den Boden desselben voll Korn, dann warf er ihn über den Rücken und ging munter auf zwei Beinen, wie ein Mensch, zur Tür hinaus.

Dazumal regierte ein König in dem Land, der aß die Rebhühner so gern. Der ganze Wald war voll, aber sie waren so scheu, dass kein Jäger sie erreichen konnte. Das wusste der Kater und erdachte eine List. Als er in den Wald kam, tat er den Sack auf, breitete das Korn auseinander und versteckte sich. Die Rebhühner kamen bald gelaufen, fanden das Korn, und ein Rebhuhn nach dem anderen hüpfte in den Sack hinein. Als eine gute Anzahl darin war, zog der Kater den Strick zu und drehte ihnen den Hals um; dann ging er zum König.
Als der Kater vor den König kam, machte er eine tiefe Verbeugung und sagte: »Mein Herr, der Graf«, dabei nannte er einen vornehmen Namen, »lässt sich dem Herrn König empfehlen und schickt ihm hier Rebhühner.« Der König freute sich sehr über die schönen fetten Rebhühner und befahl, dem Kater so viel Gold aus der Schatzkammer in den Sack zu tun, als er tragen könne. Der Müller aber saß zu Hause und dachte, dass er nun sein Letztes für die Stiefel des Katers weggegeben habe. Da trat der Kater herein und schüttete das Gold vor ihn hin: »Da hast du etwas für die Stiefel, der König lässt dich grüßen und dir danken.« Der Müller wusste nicht, wie ihm geschah. Der Kater aber erzählte ihm alles.

Am andern Tag ging der Kater wieder auf die Jagd und brachte dem König einen reichen Fang. So ging es alle Tage, und der Kater brachte alle Tage Gold heim und ward so beliebt bei dem König, dass er im Schloss aus und ein gehen durfte. Einmal erfuhr der Kater von dem Kutscher, dass der König mit der Prinzessin an den See spazieren fahren wollte. Wie der Kater das hörte, schlich er sofort nach Hause und sagte zu seinem Herrn: »Wenn du reich werden willst, so komm mit mir hinaus an den See und bad dich darin.« Der Müller folgte dem Kater, zog sich aus und sprang ins Wasser. Der Kater aber versteckte seine Kleider. Kaum dass er damit fertig war, kam der König dahergefahren; der gestiefelte Kater fing sogleich an, erbärmlich zu lamentieren: »Ach, allergnädigster König! Mein Herr, der hat sich hier im See gebadet, da ist ein Dieb gekommen und hat ihm die Kleider gestohlen, nun ist der Herr Graf im Wasser und kann nicht heraus, und wenn er länger darin bleibt, wird er sich erkälten und sterben.«
Wie der König das hörte, ließ er Halt machen, und einer von seinen Leuten musste von des Königs Kleidern holen. Der Herr Graf zog die prächtigsten Kleider an, und weil ihm ohnehin der König wegen der Rebhühner gewogen war, so musste er sich zu ihm in die Kutsche setzen. Die Prinzessin war auch nicht bös darüber, denn der Graf gefiel ihr recht gut.

Der gestiefelte Kater aber war eilig vorausgegangen und zu einer großen Wiese gekommen, wo über hundert Leute Heu machten. »Wem gehört die Wiese, ihr Leute?«, fragte der Kater die Arbeiter. »Dem großen Zauberer.« – »Hört, jetzt wird der König vorbeifahren, wenn er euch fragt, wem die Wiese gehört, so antwortet ihm: dem Grafen; und wenn ihr das nicht tut, so werdet ihr alle totgeschlagen.« Darauf ging der Kater weiter und kam an ein großes, reifes Kornfeld, da standen mehr als zweihundert Leute und schnitten das reife Korn. »Wem gehört das Korn, ihr Leute?« – »Dem Zauberer.«

»Hört, jetzt wird der König vorbeifahren, wenn er euch fragt, wem das Korn gehört, so antwortet ihm: dem Grafen; und wenn ihr das nicht tut, so werdet ihr alle totgeschlagen.« Endlich kam der Kater an einen großen, prächtigen Wald, da standen weit mehr als dreihundert Leute, die fällten die großen, alten Eichen und machten Holz. »Wem gehört dieser Wald, ihr Leute?« – »Dem Zauberer.«

»Hört, jetzt wird der König vorbeifahren, wenn er euch fragt, wem der Wald gehört, so antwortet ihm: dem Grafen; und wenn ihr das nicht tut, so werdet ihr alle totgeschlagen.« Der Kater ging weiter, und weil er so wunderlich aussah und wie ein Mensch in Stiefeln daherging, fürchteten die Leute sich vor ihm. Er kam bald an des Zauberers Schloss und trat keck vor ihn hin. Der Zauberer sah ihn verächtlich an und fragte ihn, was er wolle. Der Kater machte eine tiefe Verbeugung und sagte: »Ich habe gehört, dass du dich in jedes Tier verwandeln könntest; was einen Hund, Fuchs oder auch Wolf betrifft, da will ich es wohl glauben, aber von einem Elefanten, das scheint mir ganz unmöglich.

Deshalb bin ich hierhergekommen, um mich selbst zu überzeugen.«
Der Zauberer sagte stolz: »Das ist eine Kleinigkeit«, und war in dem Augenblick in einen Elefanten verwandelt. »Das ist viel, aber auch in einen Löwen?« – »Das ist auch nichts«, sagte der Zauberer und stand sogleich als ein Löwe vor dem Kater. Der Kater stellte sich erschrocken und rief bewundernd: »Das ist unglaublich, aber sicher kannst du dich nicht in ein so kleines Tier wie eine Maus verwandeln.« Der Zauberer erwiderte: »O ja, liebes Kätzchen, das kann ich auch«, und sprang als eine Maus im Zimmer herum. Da fing der Kater die Maus mit einem Sprung und fraß sie auf.

Der König aber war indessen mit dem Grafen und der Prinzessin weiter spazieren gefahren und kam nun zu der großen Wiese. »Wem gehört das Heu?«, fragte der König. »Dem Herrn Grafen«, riefen alle, wie der Kater ihnen befohlen hatte. »Ihr habt da ein schönes Stück Land, Herr Graf«, sagte er. Danach kamen sie an das große Kornfeld. »Wem gehört das Korn, ihr Leute?« – »Dem Herrn Grafen.« – »Ei! Herr Graf! Große, schöne Ländereien!« Darauf kamen sie zu dem Wald. »Wem gehört das Holz, ihr Leute?« – »Dem Herrn Grafen.«

Der König verwunderte sich noch mehr und sagte: »Ihr müsst ein reicher Mann sein, Herr Graf, ich glaube nicht, dass ich solch einen prächtigen Wald habe.« Endlich kamen sie an das Schloss, der gestiefelte Kater stand oben an der Treppe, und als der Wagen unten hielt, sprang er schnell herab, machte die Türe auf und sagte ehrerbietig: »Herr König, Ihr gelangt hier in das Schloss meines Herrn, des Grafen, den diese Ehre für sein Lebtag glücklich machen wird.« Der König stieg aus und verwunderte sich über das prächtige Gebäude, das fast größer und schöner war als sein Schloss; der Graf aber führte die Prinzessin die Treppe hinauf in den Saal, der ganz von Edelsteinen und Gold flimmerte. Von diesem Tag an besuchte der König auf Bitten der Prinzessin hin den Grafen des Öfteren. Und jedes Mal schenkte der Graf der Prinzessin ein kostbares Kleinod. Dem König war es nicht entgangen, dass die beiden jungen Leute einander zugetan waren. Und als der Graf den König um die Hand seiner Tochter bat, ward die Prinzessin dem Grafen versprochen, und als der König starb, ward er König, der gestiefelte Kater aber erster Minister.

Aschenputtel

Einem reichen Manne wurde die Frau krank, und als sie fühlte, dass ihr Ende herankam, rief sie ihr einziges Töchterlein zu sich ans Bett und sprach: »Liebes Kind bleib fromm und gut, so wird dir der liebe Gott immer beistehen, und ich will vom Himmel auf dich herabblicken und will um dich sein.« Darauf tat sie die Augen zu und verschied. Das Mädchen ging jeden Tag hinaus zu dem Grabe der Mutter und weinte und blieb fromm und gut. Als der Winter kam, deckte der Schnee ein weißes Tüchlein auf das Grab, und als es die Sonne im Frühjahr wieder herabgezogen hatte, nahm sich der Mann eine andere Frau. Die Frau hatte zwei Töchter mit ins Haus gebracht, die schön und weiß von Angesicht waren, aber garstig und schwarz von Herzen. Da brach eine schlimme Zeit für das arme Stiefkind an. »Soll die dumme Garis bei uns in der Stube sitzen?«, sprachen sie. »Wer Brot essen will, muss es verdienen: hinaus mit der Küchenmagd.«

Das Mädchen musste von morgens bis abends schwere Arbeit tun und obendrein taten ihm die Schwestern alles erdenkliche Herzeleid an. Abends musste es sich neben den Herd in die Asche legen. Und weil es darum immer schmutzig aussah, nannten sie es Aschenputtel.

Der Vater aber brachte dem Aschenputtel einmal einen Haselzweig von der Reise mit. Es pflanzte den Zweig auf dem Grab seiner Mutter, und daraus wurde ein schöner Baum.

Es begab sich aber, dass der König ein Fest veranstaltete, das drei Tage dauern sollte und wozu alle schönen Jungfrauen im Lande eingeladen wurden, damit sich sein Sohn eine Braut aussuchen möchte. Als die zwei Stiefschwestern hörten, dass sie auch dabei erscheinen sollten, waren sie guter Dinge. Aschenputtel aber weinte, weil es auch gern zum Tanz mitgegangen wäre, und bat die Stiefmutter, sie möchte es ihm erlauben. »Du, Aschenputtel«, sprach sie, »bist voll Staub und Schmutz und willst zur Hochzeit? Du hast keine Kleider und Schuhe und willst tanzen!« Als es aber mit Bitten anhielt, sprach sie endlich: »Da habe ich dir eine Schüssel Linsen in die Asche geschüttet, wenn du die Linsen in zwei Stunden wieder ausgelesen hast, so sollst du mitgehen.« Das Mädchen ging durch die Hintertüre in den Garten und rief: »Ihr zahmen Täubchen, ihr Turteltäubchen, all ihr Vöglein unter dem Himmel, kommt und helft mir lesen, die guten ins Töpfchen, die schlechten ins Kröpfchen.« Da kamen zum Küchenfenster alle Vöglein unter dem Himmel herein und lasen alle guten Körnlein in die Schüssel. Nun brachte das Mädchen die Schüssel der Stiefmutter. Aber sie sprach: »Nein, Aschenputtel, du hast keine Kleider und kannst nicht tanzen. Du wirst nur ausgelacht.«

Als es nun weinte, sprach sie: »Wenn du mir zwei Schüsseln voll Linsen in einer Stunde aus der Asche lesen kannst, so sollst du mitgehen«, und dachte: »Das kann es ja nimmermehr.« Das Mädchen ging abermals durch die Hintertüre in den Garten und bat die Vögel um Hilfe. Da kamen zum Küchenfenster alle Vöglein unter dem Himmel herein und lasen alle guten Körner in die Schüsseln. Wieder trug das Mädchen die Schüsseln zu seiner Stiefmutter. Aber sie sprach: »Es hilft dir alles nichts. Du kommst nicht mit.« Darauf kehrte sie ihm den Rücken zu und eilte mit ihren zwei stolzen Töchtern fort.

Als nun niemand mehr daheim war, ging Aschenputtel zu seiner Mutter Grab unter den Haselbaum und rief: »Bäumchen, rüttel dich und schüttel dich, wirf Gold und Silber über mich.« Da warf ihm der Vogel auf dem Baum, der ihm schon manchen Wunsch erfüllt hatte, ein goldenes Kleid herunter und goldene Pantoffeln. In aller Eile zog nun Aschenputtel das prächtige Kleid an und ging damit zur Hochzeit. Seine Schwestern aber und die Stiefmutter kannten es nicht und meinten, es müsste wohl eine fremde Königstochter sein, so schön sah es in dem goldenen Kleide aus. Der Königssohn kam ihm entgegen, nahm es bei der Hand und tanzte mit ihm, bis es Mitternacht war. Da wollte Aschenputtel nach Hause gehen. Der Königssohn aber sprach: »Ich gehe mit und begleite dich«, denn er wollte sehen, wem das schöne Mädchen angehörte.

Es entwischte ihm aber und sprang in das Taubenhaus. Nun wartete der Königssohn, bis der Vater von Aschenputtel kam, und sagte ihm, dass das fremde Mädchen in das Taubenhaus gesprungen wäre. Aber sie konnten niemanden darin finden. Denn Aschenputtel war geschwind zu dem Haselbäumchen gelaufen. Da hatte es die schönen Kleider ausgezogen und aufs Grab gelegt, und der Vogel hatte sie wieder genommen.

Am andern Tag, als das Fest von Neuem anhub und die Eltern und Stiefschwestern wieder fort waren, ging Aschenputtel zu dem Haselbaum und sprach wieder: »Bäumchen, rüttel dich und schüttel dich, wirf Gold und Silber über mich.« Da warf der Vogel das prächtige Kleid vom vorigen Tag herab. Und als es mit diesem Kleide auf dem Fest erschien, erstaunte wieder jedermann über seine Schönheit. Der Königssohn nahm es gleich bei der Hand und tanzte nur allein mit ihm. Als es nun Mitternacht war, wollte es fort, und der Königssohn ging ihm nach und wollte sehen, in welches Haus es ging. Aber es entwischte ihm wie in der Nacht zuvor.

Am dritten Tag, als die Eltern und Schwestern fort waren, ging Aschenputtel wieder zu seiner Mutter Grab und sprach zu dem Bäumchen: »Bäumchen, rüttel dich und schüttel dich, wirf Gold und Silber über mich.« Und wieder warf der Vogel das wundervolle Kleid herab und die goldenen Pantoffeln. Als es in dem Kleid zum Fest kam, waren alle erneut von der Schönheit Aschenputtels gefangen. Der Königssohn tanzte wieder ganz allein mit ihm. Als es nun Mitternacht war, wollte Aschenputtel geschwind fort.

43

Der Königssohn hatte aber die ganze Treppe mit Pech bestreichen lassen. Da war, als es hinabsprang, der linke Pantoffel des Mädchens hängen geblieben. Der Königssohn hob ihn auf, und er war klein und zierlich und ganz golden. Am nächsten Morgen ging er damit zu dem Vater und sagte zu ihm: »Keine andere soll meine Gemahlin werden als die, an deren Fuß dieser goldene Schuh passt.« Sofort probierte die älteste Schwester den Schuh an, doch er war ihr zu klein. Da befahl ihr die Mutter, mit dem Messer ein Stück vom Fuß abzuschneiden, sodass der Schuh passte. Und so führte sie der Königssohn als seine Braut heim. Als sie aber am Haselbäumchen beim Grabe vorbeikamen, riefen zwei Täubchen: »Rucke di guh, rucke di guh, Blut ist im Schuh. Der Schuh ist zu klein, die rechte Braut sitzt noch daheim.« Da sah der Königssohn, wie Blut aus dem Schuh herausquoll, und brachte die falsche Braut wieder nach Hause. Nun probierte die andere Schwester den Schuh an, doch es erging ihr genauso wie der älteren. Weil der Königssohn die Eltern aber nach einer dritten Tochter fragte, wurde schließlich das Aschenputtel gerufen. Er reichte ihm den goldenen Schuh, und es steckte den Fuß in den Pantoffel, der war wie angegossen. Da erkannte der Königssohn es wieder und rief: »Das ist die rechte Braut!«

Er nahm sie sogleich aufs Pferd, und als sie an dem Haselbäumchen vorbeikamen, riefen die Täubchen:

>»Rucke di guh, rucke di guh,
>
>kein Blut im Schuh.
>
>Der Schuh ist nicht zu klein,
>
>die rechte Braut, die führt er heim.«

König Drosselbart

Ein König hatte eine Tochter, die war sehr schön, aber dabei so stolz, dass ihr kein Heiratskandidat gut genug war. Sie wies alle ab und trieb noch dazu Spott mit ihnen. Einmal lud der König alle heiratslustigen Männer ein, und sie wurden nach Rang und Stand geordnet. Nun wurde die Königstochter durch die Reihen geführt, aber an jedem hatte sie etwas auszusetzen. Der eine war ihr zu dick. Der andere zu lang. Der dritte zu kurz, der vierte zu blass, der fünfte zu rot. Der sechste war nicht gerade genug. Sie machte sich aber besonders über einen guten König lustig, dem das Kinn ein wenig krumm gewachsen war. »Ei«, rief sie und lachte laut, »der hat ein Kinn wie die Drossel einen Schnabel«; und seit der Zeit bekam er den Namen Drosselbart. Der alte König aber wurde zornig und schwor, sie sollte den ersten besten Bettler zum Manne nehmen, der vor seine Tür käme. Ein paar Tage darauf hub ein Spielmann an, unter dem Fenster zu singen. Als es der König hörte, sprach er: »Lasst ihn heraufkommen.« Da trat der Spielmann in seinen schmutzigen, verlumpten Kleidern herein, sang vor dem König und seiner Tochter und bat um eine milde Gabe. Der König sprach zu ihm: »Dein Gesang hat mir so wohl gefallen, dass ich dir meine Tochter zur Frau geben will.« Die Königstochter erschrak, aber der König sagte: »Ich habe den Eid getan, dich dem ersten besten Bettelmann zu geben, den will ich auch halten.«

Es half aber kein Klagen, der Pfarrer wurde geholt, und sie musste sich sogleich mit dem Spielmann trauen lassen. Als das geschehen war, sprach der König streng: »Nun schickt es sich nicht, dass du als Bettlerin noch länger in meinem Schloss bleibst, du kannst mit deinem Manne fortziehen.« Der Bettelmann führte sie an der Hand hinaus, und sie musste mit ihm zu Fuß fortgehen. Als sie in einen großen, prächtigen Wald kamen, da fragte die Königstochter: »Ach, wem gehört der schöne Wald?«

»Er gehört dem König Drosselbart; hättst du ihn genommen, so wär er dein.« – »Ich arme Jungfer zart, ach, hätt ich genommen den König Drosselbart!« Darauf kamen sie über eine saftige Wiese, da fragte sie wiederum: »Wem gehört die schöne grüne Wiese?«

»Sie gehört dem König Drosselbart; hättst du ihn genommen, so wär sie dein.« – »Ich arme Jungfer zart, ach, hätt ich genommen den König Drosselbart!« Dann kamen sie durch eine große Stadt, da fragte sie ihn wiederum: »Wem gehört diese schöne große Stadt?«

»Sie gehört dem König Drosselbart; hättst du ihn genommen, so wär sie dein.« – »Ich arme Jungfer zart, ach, hätt ich genommen den König Drosselbart!«

»Es gefällt mir gar nicht«, sprach der Spielmann, »dass du dir immer einen andern zum Mann wünschest. Bin ich dir nicht gut genug?« Endlich kamen sie an ein ganz kleines Häuschen, da sprach sie zu ihm: »Ach, Gott, was ist das Haus so klein! Wem mag dieses elende winzige Häuschen gehören?« Der Spielmann antwortete: »Das ist mein und dein Haus.« Sie musste sich bücken, damit sie zu der niedrigen Tür hineinkam. »Wo sind die Diener?«, sprach die Königstochter. »Was Diener!«, antwortete der Bettelmann. »Du musst selber tun, was du willst getan haben. Mach nur gleich Feuer an und stell Wasser auf, dass du mir mein Essen kochst; ich bin ganz müde.« Die Königstochter verstand aber nichts vom Feueranmachen und Kochen, und der Bettelmann musste selber mit Hand anlegen. Als sie die schmale Kost verzehrt hatten, legten sie sich zu Bett; aber am Morgen trieb der Bettelmann seine Frau schon ganz früh heraus, weil sie das Haus besorgen sollte. Ein paar Tage lebten sie auf diese Art schlecht und recht, und sie zehrten ihren Vorrat auf. Da sprach der Mann: »Frau, so geht's nicht länger, dass wir hier nichts verdienen. Du sollst Körbe flechten.« Er ging hinaus, schnitt Weiden und brachte sie heim. Da fing sie an zu flechten, aber die harten Weiden stachen ihr die zarten Hände wund.

»Ich sehe wohl, das geht nicht«, sprach der Bettelmann erbost, »spinn lieber, vielleicht kannst du das besser.« Sie setzte sich hin und versuchte zu spinnen, aber der harte Faden schnitt ihr bald in die weichen Finger, dass das Blut daran herunterlief. »Siehst du«, sprach der Mann, »du taugst zu keiner Arbeit. Nun will ich es versuchen und mit Töpfen und tönernem Geschirr handeln. Du sollst dich auf den Markt Brüder setzen und die Ware feilhalten.«

»Ach«, dachte sie verzagt, »wenn auf den Markt Leute aus meines Vaters Reich kommen und sehen mich da sitzen und feilhalten, wie werden sie mich verspotten!« Aber alles Jammern half nichts, sie musste sich wohl oder übel fügen, wenn sie nicht Hungers sterben wollten. Das erste Mal ging's recht gut, denn die Leute kauften der Frau, weil sie schön war, gern ihre Ware ab. Ja, viele gaben ihr das Geld und ließen ihr die Töpfe noch dazu.

Nun lebten sie von dem Erworbenen, solang es dauerte, da handelte der Mann wieder eine Menge neues Geschirr ein. Sie setzte sich diesmal damit an eine Ecke des Marktes. Da kam plötzlich ein trunkener Husar dahergejagt und ritt geradezu in die Töpfe hinein, dass alles in tausend Scherben zersprang. Sie fing an zu weinen und wusste vor Angst nicht, was sie anfangen sollte. »Ach, wie wird es mir ergehen!«, rief sie verzweifelt. »Was wird nur mein Mann dazu sagen!« Sie lief heim und erzählte ihm das ganze Unglück.

»Wer setzt sich denn auch an die Ecke des Marktes mit tönernem Geschirr!«, sprach der Mann.

»Lass jetzt nur das Weinen, ich sehe wohl, du bist zu keiner ordentlichen Arbeit zu gebrauchen. Da bin ich in dem Schloss unseres Königs gewesen und habe gefragt, ob sie nicht noch eine Küchenmagd brauchen könnten. Sie haben mir versprochen, dass sie dich dazu nehmen wollten, dafür bekommst du freies Essen.« Nun wurde die Königstochter also eine Küchenmagd, musste dem Koch zur Hand gehen und die sauerste Arbeit tun. Sie machte sich in beiden Taschen ein Töpfchen fest, darin brachte sie die Reste nach Haus, und davon nährten sie sich mehr schlecht als recht.

Es trug sich zu, dass die Hochzeit des ältesten Königssohnes gefeiert werden sollte. Da ging die Frau hinauf, stellte sich vor die Saaltüre und wollte zusehen. Als nun die Lichter angezündet waren und alles voll Pracht und Herrlichkeit war, dachte sie betrübt an ihr Schicksal und verwünschte ihren Stolz und Hochmut, der sie in so große Armut gestürzt hatte. Von den köstlichen Speisen warfen ihr die Diener manchmal ein paar Brocken zu, die tat sie in ihr Töpfchen und wollte es heimtragen. Plötzlich trat der Königssohn herein, war in Samt und Seide gekleidet und trug goldene Ketten um den Hals. Und als er die schöne Frau in der Türe stehen sah, ergriff er ihre Hand, um mit ihr zu tanzen; aber sie weigerte sich und erschrak, denn sie sah, dass es der König Drosselbart war, der um sie geworben und den sie mit Spott abgewiesen hatte.

Ihr Sträuben half nichts, er zog sie in den Saal; da zerriss das Band, an welchem die vollen Taschen hingen, und die Töpfe fielen heraus, dass die Suppe über den edlen Boden floss und die Fleischbrocken umhersprangen. Und wie das die Leute sahen, entstand ein allgemeines Gelächter, und sie schämte sich sehr.

Da lief die schöne Frau zur Türe hinaus und wollte dem Spott entfliehen, aber auf der Treppe holte sie ein Mann ein und wollte sie zurückbringen. Und wie sie ihn ansah, war es wieder der König Drosselbart. Und wieder erschrak sie, denn sie hatte nicht vergessen, wie arg sie ihn beleidigt hatte.

Er sprach ihr freundlich zu: »Fürchte dich nicht, ich und der Spielmann, der mit dir in dem elenden Häuschen gewohnt hat, sind eins. Dir zuliebe habe ich mich so verstellt, und der Husar, der dir die Töpfe entzwei-geritten hat, bin ich auch gewesen. Das alles ist geschehen, um deinen stolzen Sinn zu beugen und dich für deinen Hochmut zu strafen, womit du mich verspottet hast.«

Da weinte sie bitterlich und sagte: »Ich habe großes Unrecht gehabt und bin nicht wert, deine Frau zu sein.«

Er aber sprach: »Tröste dich, die bösen Tage sind vorüber, jetzt wollen wir unsere Hochzeit feiern.« Da kamen die Kammerfrauen und taten ihr die prächtigsten Kleider an. Auch ihr Vater kam, zusammen mit dem ganzen Hofstaat, und sie wünschten ihr Glück zu ihrer Vermählung mit dem König Drosselbart. Danach feierten sie das Hochzeitsfest mit großer Pracht, und alle waren fröhlich. Die einst so stolze und hochmütige Königstochter aber wurde dem König Drosselbart eine gute Frau und ihrem Volk eine großherzige Königin. Und die rechte Freude fing jetzt erst an.

Hänsel und Gretel

Vor einem großen Walde wohnte ein armer Holzhacker mit seiner Frau und seinen zwei Kindern; das Bübchen hieß Hänsel und das Mädchen Gretel. Er hatte wenig zu beißen, und einmal konnte er das täglich Brot nicht mehr schaffen. Als er sich nun abends vor Sorgen herumwälzte, sagte seine Frau: »Wir wollen morgen in aller Frühe die Kinder hinaus in den Wald führen. Dort machen wir ihnen ein Feuer an und geben jedem noch ein Stückchen Brot, dann lassen wir sie allein. Sie finden den Weg nicht wieder nach Haus, und wir sind sie los.«

Der Mann weigerte sich zuerst, doch die Frau ließ ihm keine Ruhe, bis er einwilligte. Die zwei Kinder hatten vor Hunger auch nicht einschlafen können und hatten gehört, was die Stiefmutter zum Vater gesagt hatte. Gretel weinte bittere Tränen. Doch Hänsel sprach ihr Mut zu. Und als die Alten eingeschlafen waren, schlich er sich hinaus. Er steckte so viel von den weißen Kieselsteinen vor dem Haus in sein Rocktäschlein, wie nur hineinwollten. Dann legte er sich wieder in sein Bett.

Noch ehe die Sonne aufgegangen war, weckte die Frau die beiden Kinder. Dann gab sie jedem ein Stückchen Brot. Danach machten sie sich alle zusammen auf den Weg zum Wald. Während sie in den Wald hineingingen, warf Hänsel immer wieder einen von seinen blanken Kieselsteinen aus seiner Tasche auf den Weg. Als sie ganz tief in den Wald gekommen waren, wurde ein Feuer angezündet. Die Frau ermahnte sie, zu warten, bis die Eltern zurückkämen. Hänsel und Gretel saßen am Feuer und aßen mittags ihr Brot. Lange, nachdem sie so dagesessen hatten, schliefen sie ein. Als sie endlich erwachten, war es schon finstere Nacht. Gretel fing an zu weinen, doch Hänsel tröstete sie. Und als der Vollmond aufgestiegen war, nahm Hänsel sein Schwesterchen an der Hand und ging den Kieselsteinen nach, die ihnen den Weg zeigten. Sie gingen die ganze Nacht hindurch und kamen bei anbrechendem Tag wieder zu ihres Vaters Haus. Die Frau ärgerte sich sehr, als sie Hänsel und Gretel sah. Der Vater aber freute sich, denn es war ihm zu Herzen gegangen, dass er sie so allein zurückgelassen hatte. Nicht lange danach war wieder Not.
Und wieder hörten die Kinder nachts im Bette, wie die Mutter den Vater aufforderte, die beiden im Wald zurückzulassen. Dem Mann fiel's schwer aufs Herz, und er dachte: »Es wäre besser, dass du den letzten Bissen mit deinen Kinder teiltest.« Aber die Frau machte ihm Vorwürfe. So gab er auch beim zweiten Mal seiner herzlosen Frau nach. Die Kinder aber hatten alles genau mit angehört.

Als die Alten schliefen, stand Hänsel auf und wollte wieder Kieselsteine auflesen, aber die Frau hatte die Tür verschlossen. Am frühen Morgen holte die Frau die Kinder aus dem Bette. Sie erhielten ihr Stückchen Brot, das war aber noch kleiner als das vorige Mal. Auf dem Wege nach dem Wald warf Hänsel immer wieder ein Bröcklein auf die Erde. Die Frau führte die Kinder noch tiefer in den Wald, wo sie ihr Lebtag noch nicht gewesen waren. Da wurde wieder ein großes Feuer angemacht, und die Mutter ermahnte sie, dort auf die Eltern zu warten. Als es Mittag war, teilte Gretel ihr Brot mit Hänsel. Dann schliefen sie ein. Sie erwachten erst in der finsteren Nacht, und Hänsel tröstete sein Schwesterchen. Als der Mond kam, machten sie sich auf, aber sie fanden keine Bröcklein mehr, denn die Vögel hatten sie weggepickt. Sie gingen die ganze Nacht und noch einen Tag von Morgen bis Abend, aber sie kamen aus dem Wald nicht heraus. Weil sie so müde waren, legten sie sich unter einen Baum und schliefen ein. Nun war's schon der dritte Morgen. Sie gerieten immer tiefer in den Wald. Als es Mittag war, sahen sie ein schönes schneeweißes Vöglein auf einem Ast sitzen, das sang so schön, dass sie stehen blieben und ihm zuhörten. Und als es fertig war, flog es vor ihnen her, und sie gingen ihm nach, bis sie zu einem Häuschen gelangten, auf dessen Dach es sich setzte.

Als sie ganz nah herankamen, sahen sie, dass das Häuslein aus Brot gebaut war und mit Kuchen gedeckt; aber die Fenster waren aus reinem Zucker. Was staunten die Kinder da über die süße Pracht. Vorsichtig brach Hänsel sich ein wenig vom Dach ab, und auch Gretel stellte sich an die Scheiben und knusperte daran. Da rief eine feine Stimme aus der Stube heraus: »Knusper, knusper, knäuschen, wer knuspert an meinem Häuschen?«

Die Kinder antworteten leise: »Der Wind, der Wind, das himmlische Kind«, und aßen weiter, ohne sich irremachen zu lassen. Auf einmal ging die Türe auf, und eine steinalte Frau kam herausgeschlichen. Hänsel und Gretel erschraken gewaltig. Die Alte aber sprach: »Ei, ihr lieben Kinder, wer hat euch denn hierher gebracht? Kommt nur herein und bleibt bei mir, es geschieht euch kein Leid.« Sie führte beide in ihr kleines Häuschen. Da wurde gutes Essen aufgetischt. Später legten sich Hänsel und Gretel in zwei schöne weiße Bettlein hinein und meinten gar, sie wären im Himmel. Die Alte hatte sich nur so freundlich angestellt, sie war aber eine böse Hexe, die den Kindern auflauerte, und sie hatte das Brothäuslein bloß gebaut, um sie herbeizulocken. Wenn eins in ihre Gewalt kam, so machte sie es tot, kochte es und aß es. Frühmorgens, bevor die Kinder erwacht waren, packte sie Hänsel und sperrte ihn in einen Stall.

Hänsel mochte hinter der Gittertür schreien, wie er wollte, es half ihm nichts. Sie ging zur Gretel und rief: »Steh auf und koch deinem Bruder etwas Gutes, der sitzt draußen im Stall und soll fett werden. Wenn er fett ist, so will ich ihn essen.« Gretel fing an zu weinen, aber es war alles vergeblich, sie musste tun, was die Hexe verlangte.

Jeden Morgen schlich die Alte zu dem Ställchen, und Hänsel musste seinen Finger herausstrecken, damit sie fühlen konnte, ob er bald fett ist. Hänsel streckte ihr aber ein Knöchlein heraus, und die Alte, die trübe Augen hatte, konnte es nicht sehen und meinte, es wären Hänsels Finger, und wunderte sich, dass er gar nicht fett wurde.

Als Hänsel auch nach vier Wochen noch immer mager blieb, wollte sie nicht länger warten. Sie stieß Gretel hinaus zu dem Backofen. »Kriech hinein«, sagte die Hexe, »und sieh zu, ob recht eingeheizt ist.« Und wenn Gretel darin war, wollte sie den Ofen zumachen, und Gretel sollte darin braten, und dann wollte sie sie auch aufessen.

Aber Gretel merkte, was sie im Sinn hatte, und stellte sich dumm. Die Alte steckte den Kopf in den Backofen und zeigte Gretel, wie sie es machen sollte. Da gab ihr Gretel einen Stoß, dass sie weit hineinfuhr, machte die eiserne Tür zu und schob den Riegel vor.

Da heulte die böse Hexe ganz grauslich; aber Gretel lief fort, und die Alte musste elendiglich verbrennen. Gretel aber lief schnurstracks zum Hänsel, öffnete sein Ställchen und rief: »Hänsel, wir sind erlöst, die alte Hexe ist tot.«

Wie haben sie sich gefreut, sind sich um den Hals gefallen und sind herumgesprungen! Und weil sie sich nicht mehr zu fürchten brauchten, so gingen sie in das Haus der Hexe hinein, da standen in allen Ecken Kästen mit Perlen und Edelsteinen. Hänsel steckte in seine Taschen, was hineinwollte, und auch Gretel füllte sich ihr Schürzchen voll. »Aber jetzt wollen wir aus dem Hexenwald fort«, sagte Hänsel. Als sie ein paar Stunden gegangen waren, da kam ihnen der Wald immer bekannter vor. Endlich erblickten sie von weitem ihres Vaters Haus. Da fingen sie an zu laufen, stürzten in die Stube hinein und fielen ihrem Vater um den Hals. Der Mann hatte keine frohe Stunde gehabt, seitdem er die Kinder im Walde gelassen hatte, die Frau aber war gestorben. Gretel schüttete ihr Schürzchen aus, dass die Perlen und Edelsteine in der Stube herumsprangen, und Hänsel warf eine Hand voll nach der andern aus seiner Tasche dazu. Da hatten alle Sorgen ein Ende, und sie lebten in lauter Freude zusammen.

Dornröschen

Es waren ein König und eine Königin, die sich nichts so sehr wünschten wie ein Kind. Da trug es sich zu, als die Königin einmal im Bade saß, dass ein Frosch zu ihr sprach: »Dein Wunsch wird erfüllt werden; ehe ein Jahr vergeht, wirst du eine Tochter zur Welt bringen.« Was der Frosch gesagt hatte, das geschah, und die Königin gebar ein Mädchen, das war so schön, dass der König vor Freude sich nicht zu lassen wusste und ein großes Fest anstellte. Er lud zu diesem nicht bloß seine Verwandten, Freunde und Bekannten, sondern auch die weisen Frauen ein, damit sie dem Kind hold und gewogen wären. Es waren ihrer dreizehn in seinem Reich, weil er aber nur zwölf goldene Teller hatte, so musste eine von ihnen daheimbleiben.

Das Fest wurde mit aller Pracht gefeiert, und als es zu Ende war, beschenkten die weisen Frauen das Kind mit ihren Wundergaben: die eine mit Tugend, die andere mit Schönheit, die dritte mit Reichtum und so mit allem, was auf der Welt zu wünschen ist. Als elfe ihre Sprüche eben getan hatten, trat plötzlich die dreizehnte herein. Rachedürstend rief sie mit lauter Stimme: »Die Königstochter soll sich in ihrem fünfzehnten Jahr an einer Spindel stechen und tot hinfallen.« Und ohne ein Wort weiter zu sprechen, verließ sie den Saal. Da trat die zwölfte hervor, und weil sie den bösen Spruch nicht aufheben, sondern ihn lediglich mildern konnte, so sagte sie: »Es soll aber kein Tod sein, sondern nur ein hundertjähriger tiefer Schlaf, in welchen die Königstochter fällt.«

Der König, der sein liebes Kind vor dem Unglück gern bewahren wollte, ließ den Befehl ausgehen, dass alle Spindeln im ganzen König-reiche verbrannt werden sollten. Und so geschah es auch. An dem Mädchen aber wurden die Gaben der weisen Frauen sämtlich erfüllt, denn es war so schön, verständig, freundlich und sittsam, dass es jedermann, der es ansah, lieb haben musste. Es geschah, dass an dem Tage, wo es gerade fünfzehn Jahre alt wurde, der König und die Königin nicht zu Haus waren und das Mädchen ganz allein im Schloss zurückblieb. Da der König befohlen hatte, alle Spindeln zu verbrennen, meinte er, dass seiner Tochter kein Unglück mehr widerfahren konnte. Das Mädchen genoss nun die ungewohnte Freiheit und ging allerorten herum, besah Stuben und Kammern, wie es Lust hatte, und kam endlich auch an einen alten Turm. Schon oft hatte es sich gefragt, welches große Geheimnis er wohl verberge. Also stieg es die enge Wendeltreppe hinauf und gelangte zu einer kleinen Türe.

In dem Schloss steckte ein verrosteter Schlüssel, und als es ihn umdrehte, sprang die Türe auf. Da saß in einem kleinen Stübchen eine alte Frau mit einer Spindel und spann emsig ihren Flachs. »Guten Tag, du altes Mütterchen«, sprach die Königstochter, »was machst du da?« – »Ich spinne«, sagte die Alte und nickte dem schönen Mädchen freundlich zu. »Was ist das für ein Ding, das so lustig herumspringt?«, sprach das Mädchen, nahm die Spindel und wollte auch spinnen. Kaum hatte sie die Spindel angerührt, so ging der Zauberspruch in Erfüllung, und sie stach sich damit in den Finger. In dem Augenblick aber, wo sie den Stich empfand, fiel sie auf das Bett nieder, das da stand, und lag in einem tiefen Schlaf. Und dieser Schlaf verbreitete sich über das ganze Schloss: Der König und die Königin, die eben heimgekommen und in den Saal getreten waren, fingen an einzuschlafen, und der ganze Hofstaat mit ihnen. Im Stall schliefen auch die Pferde, die Hunde im Hofe, die Tauben auf dem Dache, die Fliegen an der Wand, ja sogar das Feuer, das auf dem Herde flackerte, wurde still und schlief ein, und der Braten hörte auf zu brutzeln, und der Koch, der den Küchenjungen, weil er etwas angestellt hatte, an den Haaren ziehen wollte, ließ ihn los und schlief. Und der Wind legte sich, und auf den Bäumen vor dem Schloss regte sich kein Blättchen mehr.

Rings um das Schloss aber begann eine Dornenhecke zu wachsen, die jedes Jahr immer höher wurde und endlich das ganze Schloss umzog und darüber hinauswuchs, dass gar nichts mehr davon zu sehen war. Es ging aber die Sage in dem Land von dem schönen Dornröschen, denn so wurde die Königstochter genannt, sodass von Zeit zu Zeit Königssöhne kamen und durch die Hecke in das Schloss dringen wollten. Es war ihnen aber nicht möglich, denn die Dornen hielten fest zusammen, und die Jünglinge blieben darin hängen, konnten sich nicht wieder losmachen und starben eines jämmerlichen Todes.

Nach langen, langen Jahren kam wieder einmal ein Königssohn in das Land und hörte, wie ein alter Mann von der dichten Dornenhecke erzählte; es sollte ein Schloss dahinter stehen, in welchem eine wunderschöne Königstochter, Dornröschen genannt, nun schon seit hundert Jahren schliefe, und mit ihr schliefen die Königin und der König und der ganze Hofstaat. Er wusste auch von seinem Großvater, dass schon viele Königssöhne gekommen wären und versucht hätten, durch die Dornenhecke zu dringen, aber sie wären darin hängen geblieben und eines traurigen Todes gestorben.

Da sprach der Jüngling: »Ich fürchte mich nicht, ich will hinaus und das schöne Dornröschen sehen.« Der gute Alte mochte ihm abraten, wie er wollte, er hörte nicht auf seine Worte.

Nun waren aber gerade die hundert Jahre verflossen, und der Tag war gekommen, an dem das schöne, schlafende Dornröschen wieder erwachen sollte, so wie es die weise Frau dem guten Kind bei seiner Geburt gewünscht hatte.

Als der Königssohn sich der Dornenhecke näherte, waren es lauter große schöne Blumen, die taten sich von selbst auseinander, und sie ließen ihn unverletzt hindurch. Und es schien so, als sollte er nicht denselben jämmerlichen Tod sterben wie all die anderen mutigen Königssöhne vor ihm, die in der Dornenhecke hängen geblieben waren. Hinter ihm taten sich die Blumen sofort wieder als eine Hecke zusammen. Im Schlosshof sah der Königssohn die Pferde und scheckigen Jagdhunde liegen und schlafen, auf dem Dache saßen die Tauben und hatten das Köpfchen unter den Flügel gesteckt. Eine Katze, die mit einem Wollknäuel gespielt hatte, war mitten in ihrem lustigen Treiben eingeschlafen. Und als er ins Haus kam, schliefen die Fliegen an der Wand, der Koch in der Küche hielt noch die Hand, als wollte er den Jungen anpacken, und die Magd saß vor dem Huhn, das gerupft werden sollte. Der Königssohn aber sah mit Verwunderung all die köstlichen Speisen, die der Koch einst zu dem Geburtstagsfest der schönen Königstochter vorbereitet hatte.

Da ging er weiter und sah im Saale den ganzen Hofstaat liegen und schlafen, so wie er vor hundert Jahren versammelt war. Edelmänner in prächtigen Gewändern verbeugten sich gerade tief vor dem König und der Königin, die oben auf dem Throne saßen und fest schliefen.

Daraufhin ging er noch weiter, und es war so still, dass man seinen Atem hören konnte, und endlich kam er zu dem Turm und öffnete die Türe zu der kleinen Stube, in welcher Dornröschen schlief. Dort lag es und war so schön, dass er die Augen nicht abwenden konnte, und er bückte sich und gab ihm einen Kuss. Als er es mit dem Kuss berührt hatte, schlug Dornröschen die Augen auf, erwachte und blickte ihn ganz freundlich an.

Da gingen sie zusammen herab, und der König erwachte und die Königin und der ganze Hofstaat und sahen einander mit großen Augen an. Und die Pferde im Hof standen auf und rüttelten sich; die Jagdhunde sprangen und wedelten; die Tauben auf dem Dache zogen das Köpfchen unterm Flügel hervor, sahen umher und flogen ins Feld; die Fliegen an den Wänden krochen weiter; das Feuer in der Küche erhob sich, flackerte und kochte das Essen; der Braten fing wieder an zu brutzeln; und der Koch gab dem Jungen eine Ohrfeige; und die Magd rupfte das Huhn fertig. Nun wurde die Hochzeit des Königssohns mit dem Dornröschen in aller Pracht gefeiert, und sie lebten vergnügt bis an ihr Ende.

Der Froschkönig
oder Der eiserne Heinrich

In den alten Zeiten, wo das Wünschen noch geholfen hat, lebte einst ein König, dessen Töchter waren alle schön, aber die jüngste war so schön, dass die Sonne selber, die doch so vieles gesehen hat, sich verwunderte, sooft sie ihr ins Gesicht schien. Nahe bei dem Schlosse des Königs lag ein großer dunkler Wald, und dort unter einer alten Linde war ein tiefer Brunnen. Wenn nun der Tag recht heiß war, so ging das Königskind hinaus in den Wald und setzte sich an den Rand des kühlen Brunnens und träumte vor sich hin; und wenn es Langeweile hatte, so nahm es eine goldene Kugel, warf sie in die Höhe und fing sie wieder; und das war sein liebstes Spielwerk. Nun trug es sich einmal zu, dass die goldene Kugel der Königstochter nicht in ihr Händchen fiel, das sie in die Höhe gehalten hatte, sondern vorbei auf die Erde schlug und geradezu in das Wasser hineinrollte. Die Königstochter folgte ihr mit den Augen nach, aber die Kugel verschwand, und der Brunnen war so tief, dass man keinen Grund mehr sah. Da fing sie bitterlich an zu weinen und weinte immer lauter und konnte sich gar nicht trösten. Und wie sie so klagte, rief ihr jemand zu: »Was hast du vor, Königstochter, du schreist ja, dass sich ein Stein erbarmen möchte.«

Sie sah sich um, woher die Stimme käme, und da erblickte sie einen Frosch, der seinen hässlichen, dicken Kopf aus dem Wasser streckte. »Ach, du bist's, alter Wasserpatscher«, sagte sie, »ich weine über meine goldene Kugel, die mir in den Brunnen hinabgefallen ist.« »Sei still und weine nicht«, antwortete der Frosch sogleich, »ich kann wohl Rat schaffen, aber was gibst du mir, wenn ich dein schönes Spielwerk wieder heraufhole?« – »Alles, was du haben willst, lieber Frosch«, sagte die Königstochter, »meine Kleider, meine kostbarsten Perlen und Edelsteine und auch noch die goldene Krone, die ich trage.« Der Frosch antwortete: »Deine Kleider, deine Perlen und Edelsteine und deine goldene Krone, die mag ich nicht; aber wenn du mich lieb haben willst und ich dein treuer Geselle und Spielkamerad sein soll, an deinem Tischlein neben dir sitzen, von deinem goldenen Tellerlein essen, aus deinem Becherlein trinken, in deinem Bettlein schlafen: Wenn du mir das versprichst, so will ich gleich hinuntersteigen und dir die goldene Kugel wieder heraufholen.« – »Ach ja«, sagte sie, »ich verspreche dir alles, was du willst, wenn du mir nur die goldene Kugel wiederbringst.« Sie dachte aber: »Was der einfältige Frosch schwätzt, der sitzt im Wasser bei seinesgleichen und quakt und kann keines Menschen Geselle sein.« Der Frosch aber, als er die Zusage erhalten hatte, tauchte unter, sank hinab, und über ein Weilchen kam er wieder heraufgerudert, hatte die Kugel im Maul und warf sie ins Gras. Die Königstochter war voll Freude, als sie ihr Spielwerk wieder erblickte, hob es auf und sprang damit fort. »Warte, warte«, rief der Frosch, »nimm mich mit, ich kann nicht so laufen wie du.« Aber was half es ihm, dass er ihr sein »Quak, quak« so laut nachschrie, wie er konnte!

Sie hörte nicht darauf, sondern eilte nach Haus und hatte bald den Frosch vergessen, der wieder in seinen Brunnen hinabsteigen musste.

Am andern Tage, als sie sich mit dem König und allen Hofleuten zur Tafel gesetzt hatte, da kam »plitsch platsch, plitsch platsch« etwas die Marmortreppe heraufgekrochen, und als es dann oben angelangt war, klopfte es an der Tür und rief laut: »Jüngste Königstochter, mach mir auf.« Sie lief und wollte sehen, wer draußen wäre, als sie aber aufmachte, so saß der Frosch davor. Da warf sie die Tür hastig zu, setzte sich wieder an den Tisch, und ihr war ganz angst. Der König sah wohl, dass ihr das Herz gewaltig klopfte, und sagte zu ihr: »Mein liebes Kind, warum fürchtest du dich, die Tür zu öffnen? Steht etwa ein schrecklicher Riese vor der Tür und will dich holen?«

»Ach nein«, antwortete sie, »es ist kein schrecklicher Riese, sondern nur ein sehr garstiger, hässlicher Frosch.« – »Was will der Frosch von dir?« »Ach, lieber Vater, als ich gestern bei dem Brunnen spielte, da fiel meine goldene Kugel ins Wasser. Und weil ich so weinte, hat sie mir der Frosch wieder heraufgeholt, und weil er es verlangte, so versprach ich ihm, er sollte mein Geselle werden. Ich dachte aber nimmermehr, dass er aus seinem Wasser herauskommen und mir folgen könnte. Nun ist er draußen und will zu mir herein.« Währenddessen klopfte es zum zweiten Mal und rief: »Mach mir auf, weißt du nicht, was gestern du zu mir gesagt?« Da sagte der König: »Was du versprochen hast, das musst du auch halten; geh nur und mach ihm auf.« Sie öffnete die Türe, da hüpfte der Frosch herein, ihr immer auf dem Fuße nach, bis zu ihrem Stuhl. Da saß er und rief: »Heb mich herauf zu dir.« Sie zauderte, bis es endlich der König befahl.

Als der Frosch erst auf dem Stuhl war, wollte er auf den Tisch, und als er da saß, sprach er: »Nun schieb mir dein goldenes Tellerlein näher, damit wir zusammen essen.« Das tat sie zwar, aber man sah wohl, dass sie's nicht gerne tat. Der Frosch ließ sich's gut schmecken, aber ihr blieb fast jedes Bisslein im Halse stecken. Endlich sprach er: »Ich habe mich satt gegessen und bin müde, nun trag mich in dein Kämmerlein und mach dein seidenes Bettlein zurecht, da wollen wir uns schlafen legen.«

Die Königstochter fing bitterlich an zu weinen und fürchtete sich vor dem kalten Frosch, den sie sich nicht anzurühren getraute und der in ihrem schönen reinen Bettlein nun schlafen sollte. Der König aber wurde zornig und sprach: »Wer dir geholfen hat, als du in Not warst, den sollst du hernach nicht verachten.«

Da packte sie ihn angeekelt mit zwei Fingern, trug ihn hinauf und setzte ihn in eine Ecke. Als sie aber im Bett lag, kam er gekrochen und sprach: »Ich bin müde, ich will schlafen so gut wie du. Heb mich nun herauf, oder ich sag's deinem Vater.«

Da wurde sie erst bitterböse, holte ihn zu sich herauf und warf ihn aus allen Kräften gegen die Wand. »Nun wirst du endlich Ruhe haben, du garstiger Frosch.«

Als er aber herabfiel, war er kein Frosch, sondern ein Königssohn mit schönen und freundlichen Augen. Die Königstochter aber erschrak gewaltig, als aus dem kalten, hässlichen Frosch plötzlich ein stattlicher, schöner Königssohn wurde. »Fürchte dich nicht, jüngste Königstochter. Ich bin ein verwunschener Prinz«, suchte der Königssohn sie zu beruhigen. Doch sie lief aus ihrer Kammer hinaus zu ihrem Vater und berichtete ihm von der wundersamen Verwandlung. Der König eilte sogleich mit seiner Tochter in ihre Kammer und fand dort den Königssohn, der gerade noch als Frosch an seiner Tafel gesessen hatte. Dem König gefiel der junge Königssohn. Und so war er nun nach dem Willen des Königs der liebe Gemahl seiner Tochter. Da erzählte er ihr, er wäre von einer bösen Hexe verwunschen worden und niemand hätte ihn aus dem Brunnen erlösen können als sie allein, und morgen wollten sie zusammen in sein Reich gehen.

Dann schliefen sie beide ein, und am andern Morgen, als die Sonne sie aufweckte, kam ein Wagen herangefahren, mit acht weißen Pferden bespannt, die hatten weiße Straußenfedern auf dem Kopf und gingen in goldenen Ketten. Und hinten auf dem Wagen stand der Diener des jungen Königs, das war der treue Heinrich.

Der treue Heinrich war so betrübt, als sein Herr einst in einen Frosch verwandelt worden war, dass er drei eiserne Bande hatte um sein Herz legen lassen, damit es ihm nicht vor Traurigkeit zerspränge.

Der Wagen aber sollte den jungen König in sein Reich abholen; der treue Heinrich hob beide hinein, stellte sich hinten auf und war voll Freude über die Erlösung. Und als sie ein Stück gefahren waren, hörte der Königssohn, dass es hinter ihm krachte, als wäre etwas zerbrochen. Da drehte er sich um und rief: »Heinrich, der Wagen bricht.«

»Nein, Herr, der Wagen nicht, es ist ein Band von meinem Herzen, das da lag in großen Schmerzen, als Ihr ein Frosch wart.«

Noch einmal und noch einmal krachte es auf dem Weg, und der Königssohn meinte immer, der Wagen bräche, und es waren doch nur die Bande, die vom Herzen des treuen Heinrich absprangen, weil sein Herr erlöst und glücklich war. Als sie dann im Reich des Königssohns ankamen, rief er alle seine Hofleute zusammen. Da wurde die Tafel im großen Saale zubereitet. Alle setzten sich nieder, aßen und tranken zusammen. Und am Abend feierten sie dann in großen Freuden die Hochzeit.

Schneewittchen

Es war einmal mitten im Winter, da saß eine Königin an einem Fenster mit einem Rahmen von schwarzem Ebenholz und nähte. Wie sie so nähte, stach sie sich in den Finger, und es fielen drei Tropfen Blut in den Schnee. Und da dachte sie bei sich: »Hätt' ich ein Kind, so weiß wie Schnee, so rot wie Blut und so schwarz wie Ebenholz.« Bald darauf bekam sie ein Töchterlein, das war so weiß wie Schnee, so rot wie Blut und so schwarzhaarig wie Ebenholz und wurde darum das Schneewittchen genannt. Und als das Kind geboren war, starb die Königin. Nach einem Jahr nahm sich der König eine andere Gemahlin. Es war eine schöne Frau, aber sie war stolz und konnte nicht leiden, dass sie an Schönheit von jemandem übertroffen werden sollte. Sie hatte einen wunderbaren Spiegel, wenn sie davor trat und sich darin beschaute, sprach sie: »Spieglein, Spieglein an der Wand, wer ist die Schönste im ganzen Land?«

So antwortete der Spiegel: »Frau Königin, Ihr seid die Schönste im Land.« Dann war sie zufrieden, denn sie wusste, dass der Spiegel immer die Wahrheit sagte. Schneewittchen aber wuchs heran und wurde immer schöner. Die stolze Königin fragte einmal ihren Spiegel: »Spieglein, Spieglein an der Wand, wer ist die Schönste im ganzen Land?« Dieser antwortete daraufhin: »Frau Königin, Ihr seid die Schönste hier, aber Schneewittchen ist tausendmal schöner als Ihr.«

Da wurde die Königin grün vor Neid. Sie befahl einem Jäger, das Kind im Wald zu töten. Doch er hatte Mitleid mit Schneewittchen und ließ es entkommen. Nun lief das arme Kind mutterseelenallein durch den Wald. Abends sah es ein kleines Häuschen und ging hinein. In dem Häuschen stand ein Tischchen mit sieben Tellerchen und sieben Becherchen. An der Wand waren sieben Bettchen. Schneewittchen aß von jedem Tellerchen ein wenig und trank aus jedem Becherchen einen Tropfen Wein; denn es wollte nicht einem allein alles wegnehmen. Hernach legte es sich in ein Bettchen und schlief ein. Als es ganz dunkel geworden war, kamen die Herren von dem Häuschen, das waren die sieben Zwerge. Sie sahen sogleich, dass jemand darin gewesen war. Der erste Zwerg sprach: »Wer hat auf meinem Stühlchen gesessen?« Der Zweite: »Wer hat denn von meinem Tellerchen gegessen?« Der Dritte: »Wer hat von meinem Brötchen genommen?« Der Vierte: »Wer hat von meinem Gemüschen gegessen?« Der Fünfte: »Wer hat mit meinem Gäbelchen gestochen?« Der Sechste: »Wer hat mein Messerchen genommen?« Der Siebente: »Wer hat aus meinem Becherchen getrunken?«

Als er aber in sein Bett sah, erblickte er Schneewittchen. Er rief die andern, und sie hatten so große Freude, dass sie es nicht aufweckten. Als Schneewittchen am Morgen die sieben Zwerge sah, erschrak es. Sie waren aber freundlich, und da erzählte es ihnen alles. Die Zwerge nahmen Schneewittchen auf, und es versah dafür ihren Haushalt. Am Morgen gingen die Zwerge in die Berge, abends kamen sie wieder, und da musste ihr Essen bereit sein. Weil das Mädchen aber den Tag über allein war, warnten es die Zwerglein vor der bösen Stiefmutter.

Die Königin aber glaubte, dass sie wieder die Allerschönste wäre, trat vor ihren Spiegel und sprach: »Spieglein, Spieglein an der Wand, wer ist die Schönste im ganzen Land?«

Da antwortete der Spiegel: »Frau Königin, Ihr seid die Schönste hier, aber Schneewittchen über den Bergen bei den sieben Zwergen ist noch tausendmal schöner als Ihr.« Da erschrak sie sehr und sann aufs Neue, wie sie Schneewittchen umbringen wollte. Als alte Krämerin verkleidet ging sie zu den sieben Zwergen und verkaufte Schneewittchen, das sich nichts Böses dabei dachte, einen schönen Schnürriemen.

»Komm«, sprach die Alte, »ich will dich einmal ordentlich schnüren.« Ohne Argwohn stellte sich Schneewittchen vor sie; die Alte aber schnürte so fest, dass dem Schneewittchen der Atem verging und es wie tot hinfiel. Als die Zwerge am Abend ihr liebes Schneewittchen auf der Erde wie tot liegen sahen, erschraken sie. Schnell schnitten sie den Schnürriemen entzwei. Da wurde es nach und nach wieder lebendig.

Das böse Weib ging daheim vor den Spiegel und fragte: »Spicglein, Spieglein an der Wand, wer ist die Schönste im ganzen Land?«

Da antwortete er wie sonst: »Frau Königin, Ihr seid die Schönste hier, aber Schneewittchen über den Bergen bei den sieben Zwergen ist noch tausendmal schöner als Ihr.«

Da ging sie wieder in Gestalt eines alten Weibes zu Schneewittchens Tür. Sie zeigte ihm einen Kamm, den sie vorher vergiftet hatte, und er gefiel dem Kinde so gut, dass es die Türe öffnete. Schneewittchen ließ die Alte gewähren, die ihm den Kamm ins Haar steckte. Sofort wirkte das Gift darin, und das Mädchen fiel ohne Besinnung nieder.

Als die Zwerglein am Abend Schneewittchen wiederum wie tot auf der Erde liegen sahen, hatten sie gleich die Stiefmutter in Verdacht; sie fanden den giftigen Kamm, und kaum hatten sie ihn herausgezogen, so kam Schneewittchen wieder zu sich.

Die Königin stellte sich daheim vor den Spiegel und sprach: »Spieglein, Spieglein an der Wand, wer ist die Schönste im ganzen Land?« Da antwortete er wie vorher: »Frau Königin, Ihr seid die Schönste hier, aber Schneewittchen über den Bergen bei den sieben Zwergen ist noch tausendmal schöner als Ihr.«

Als sie das hörte, vergiftete sie einen Apfel. Dieses Mal ging sie als Bauersfrau zu Schneewittchen. Sie klopfte an, Schneewittchen aber wollte sie nicht ins Haus hereinlassen. Als die Bauersfrau jedoch von der einen Hälfte des Apfels aß, nahm Schneewittchen den anderen Backen. Der Apfel war aber so kunstvoll gemacht, dass nur eine Hälfte vergiftet war. Kaum aber hatte Schneewittchen einen Bissen davon im Mund, so fiel es tot nieder.

Als die Königin daheim den Spiegel befragte: »Spieglein, Spieglein an der Wand, wer ist die Schönste im ganzen Land?«, so antwortete er:

»Frau Königin, Ihr seid die Schönste im Land.«

Da hatte ihr neidisches Herz endlich Ruhe, so gut eben ein neidisches Herz überhaupt Ruhe haben kann. Die Zwerglein aber, als sie abends nach Haus kamen, fanden Schneewittchen auf der Erde liegen, und es ging kein Atem mehr aus seinem Mund, es war tot. Sie hoben es auf, suchten, ob sie etwas Giftiges fänden, schnürten es auf, kämmten ihm die Haare, wuschen es mit Wasser und Wein, aber es half alles nichts; das liebe Kind war tot und blieb tot. Sie legten es auf eine Bahre und setzten sich alle sieben daran und beweinten es, und sie weinten drei Tage lang. Da es noch so aussah wie ein lebendiger Mensch, ließen sie einen Sarg aus Glas machen und legten es hinein. Danach trugen sie den Sarg hinaus auf den Berg. Nun lag Schneewittchen lange Zeit in dem Sarg und sah noch immer aus, als wenn es schliefe. Es geschah aber, dass ein Königssohn zu dem Zwergenhaus kam.

Er sah den gläsernen Sarg und das schöne Schneewittchen darin. Da sprach er zu den Zwergen: »Gebt mir den Sarg, denn ich kann nicht mehr leben, ohne Schneewittchen zu sehen.« Wie er so sprach, empfanden sie Mitleid und gaben ihm den Sarg.

Der Königssohn ließ den gläsernen Sarg von seinen Dienern auf den Schultern forttragen. Da geschah es, dass sie stolperten, und von dem Schütteln fuhr das giftige Apfelstück aus Schneewittchens Hals. Und nicht lange, so öffnete es die Augen, hob den Deckel vom Sarg in die Höhe und richtete sich auf, und es war wieder lebendig. »Ach Gott, wo bin ich?«, rief es.

Der Königssohn sagte voll Freude: »Du bist bei mir«, und erzählte ihm, was sich zugetragen hatte, und sprach: »Ich habe dich lieber als alles auf der Welt; komm mit mir in meines Vaters Schloss, du sollst meine Gemahlin werden.«

Da war ihm Schneewittchen zugetan und ging mit ihm, und ihre Hochzeit wurde mit großer Pracht und Herrlichkeit angeordnet.

Zu dem Fest wurde aber auch Schneewittchens gottlose Stiefmutter eingeladen. Wie sie sich nun mit schönen Kleidern angetan hatte, trat sie vor ihren Spiegel und sprach: »Spieglein, Spieglein an der Wand, wer ist die Schönste im ganzen Land?« Da antwortete der Spiegel: »Frau Königin, Ihr seid die Schönste hier, aber die junge Königin ist tausendmal schöner als Ihr.« Da stieß das böse Weib einen Fluch aus, und es ward ihr so bang, so bang, dass sie sich nicht zu lassen wusste. Sie wollte zuerst gar nicht auf die Hochzeit kommen, doch es ließ ihr keine Ruhe; sie musste fort und die junge Königin sehen. Und wie sie hineintrat, erkannte sie Schneewittchen, und vor Angst und Schrecken konnte sie sich nicht regen. Aber es waren schon eiserne Pantoffeln über das Kohlenfeuer gestellt und wurden mit Zangen hereingetragen und vor sie gestellt. Da musste sie in die rot glühenden Schuhe treten und tanzen, bis sie tot zur Erde fiel.

Das tapfere Schneiderlein

An einem Sommermorgen saß ein Schneider am Fenster und nähte. Da kam eine Bauersfrau und hielt Mus feil, von dem er kaufte. Er strich es auf ein Brot und nähte weiter. Der Geruch lockte Fliegen an, die sich nicht abweisen ließen. Da schlug das Schneiderlein mit seinem Lappen nicht weniger als sieben von ihnen tot. »Das soll die ganze Welt erfahren!« Er stickte sogleich mit großen Buchstaben auf einen Gürtel: »Siebene auf einen Streich!«

Dann sah er sich um, was er auf seinem Weg in die Welt mitnehmen könnte. Doch außer einem alten Käse und einem Vogel fand er nichts. Auf einem Berg begegnete er einem Riesen, der den Spruch auf dem Gürtel las. Der Riese meinte, das wären Menschen gewesen, und bekam ein wenig Respekt vor dem kleinen Kerl. Doch wollte er ihn prüfen, nahm einen Stein und drückte ihn zusammen, dass Wasser heraustropfte. »Das mach mir nach«, sprach der Riese.

Das Schneiderlein holte den weichen Käse aus der Tasche und drückte ihn, dass der Saft herauslief. Da hob der Riese einen Stein auf und warf ihn so hoch, dass man ihn kaum noch sehen konnte. »Gut geworfen«, sagte der Schneider, »aber ich will einen werfen, der soll gar nicht wiederkommen«, griff in die Tasche und warf den Vogel in die Luft. Der Vogel stieg auf und kam nicht wieder. Dann führte der Riese das Schneiderlein zu einem gefällten Eichbaum und sagte: »Wenn du stark genug bist, so hilf mir den Baum aus dem Walde heraustragen.«

»Sehr gerne«, antwortete der kleine Mann, »nimm du nur den Stamm auf deine Schulter, ich will die Krone tragen, das ist doch das Schwerste.« Der Riese nahm den Stamm auf die Schulter, der Schneider aber setzte sich auf einen Ast, und der Riese musste den ganzen Baum und das Schneiderlein noch obendrein forttragen.

Der Riese konnte nach einer Weile nicht mehr weiter und rief: »Hör, ich muss den Baum fallen lassen.« Der Schneider sprang herab, fasste den Baum, als wenn er ihn getragen hätte, und sprach: »Du bist ein so großer Kerl und kannst den Baum nicht einmal tragen.«

Das Schneiderlein zog weiter und kam in den Hof eines königlichen Palastes. Als die Leute des Königs kamen und den Spruch auf seinem Gürtel lasen, meinten sie, das wäre ein nützlicher Mann. Der König nahm ihn daher in seine Dienste. Die Kriegsleute aber fürchteten das Schneiderlein und baten den König um ihren Abschied. Der König wollte sie nicht verlieren, er getraute sich aber nicht, das Schneiderlein zu entlassen. Endlich fand er einen Rat. Er versprach dem Schneiderlein seine Tochter und das halbe Königreich, wenn er zwei Riesen, die im Walde seines Landes hausten, tötete.

Daraufhin ging das Schneiderlein in den Wald hinein. Bald erblickte er beide Riesen schlafend unter einem Baume. Er las beide Taschen voll Steine und stieg damit auf einen Ast direkt über die Schläfer. Von dort warf er ihnen abwechselnd Steine auf die Brust. Die Riesen beschuldigten daraufhin einander und gerieten in solche Wut, dass sie Bäume ausrissen, aufeinander losschlugen, so lange, bis sie endlich beide zugleich tot auf die Erde fielen. Nun sprang das Schneiderlein herab und versetzte jedem noch ein paar tüchtige Hiebe.

Dann ging das Schneiderlein zum König und sprach: »Die Arbeit ist getan, ich habe beiden den Garaus gemacht.« Nun verlangte er von dem König die Belohnung.

Den König aber reute schon längst sein Versprechen, und er sann aufs Neue, wie er sich den Helden vom Halse schaffen könnte. »Bevor du meine Tochter und das halbe Reich erhältst«, sprach er zu ihm, »musst du noch eine Heldentat vollbringen. In dem Walde läuft ein Einhorn, das großen Schaden anrichtet, das musst du erst einfangen.«

»Vor einem Einhorn fürchte ich mich gar noch weniger als vor zwei Riesen. Siebene auf einen Streich, das ist meine Sache.« Er nahm sich einen Strick und eine Axt und ging hinaus in den Wald. Lange brauchte er nicht zu suchen. Das Einhorn kam bald daher und sprang auf den Schneider los. Er wartete, bis das Tier ganz nahe war, dann sprang er behände hinter einen Baum. Das Einhorn rannte mit aller Kraft gegen den Baum und spießte sein Horn so fest in den Stamm, dass es nicht Kraft genug hatte, es wieder herauszuziehen, und so war es gefangen. Der Schneider legte dem Einhorn erst den Strick um den Hals, dann hieb er mit der Axt das Horn aus dem Baum heraus und brachte das Tier dem König. Der König wollte ihm den verheißenen Lohn noch nicht gewähren und machte eine dritte Forderung. Der Schneider sollte ihm vor der Hochzeit erst ein Wildschwein fangen, das im Wald großen Schaden anrichtete; die Jäger sollten ihm Beistand leisten. »Gerne«, sprach der Schneider, »das ist ein Kinderspiel.« Die Jäger nahm er nicht mit in den Wald, und sie waren's wohl zufrieden, denn das Wildschwein hatte sie schon mehrmals so empfangen, dass sie keine Lust hatten, ihm nachzustellen. Als das Schwein den Schneider erblickte, lief es mit schäumendem Mund und wetzenden Zähnen auf ihn zu und wollte ihn gleich zur Erde werfen.

Der Held aber lief in eine Kapelle, die in der Nähe war, und sprang zum Fenster in einem Satze gleich wieder hinaus. Das Schwein war hinter ihm hergelaufen, er aber hüpfte außen herum und schlug die Tür hinter ihm zu. Da war das wütende Tier gefangen, das viel zu unbeholfen und zu schwer war, um zu dem Fenster hinauszuspringen. Das Schneiderlein rief die Jäger herbei, damit sie den Gefangenen mit eigenen Augen sehen und dem König Bericht geben sollten.

Der Held aber begab sich zu dem König, der nun, er mochte wollen oder nicht, sein Versprechen halten musste. Die Hochzeit ward also mit großer Pracht und kleiner Freude gehalten und aus einem armen Schneider ein König gemacht.

Nach einiger Zeit hörte die junge Königin in der Nacht, wie ihr Gemahl im Traume sprach: »Junge, mach mir den Wams und flick mir die Hosen, oder ich will dir die Elle über die Ohren schlagen.« Da merkte sie, in welcher Gasse der junge Herr geboren war, und bat am andern Morgen ihren Vater, er möchte ihr von dem Manne helfen, der nichts anderes als ein Schneider wäre.

Der König sprach ihr Trost zu und sagte: »Lass in der nächsten Nacht deine Schlafkammer offen; meine Diener sollen ihn binden, wenn er eingeschlafen ist, und auf ein Schiff tragen, das ihn in die weite Welt führt.« Die Frau war damit zufrieden, des Königs Waffenträger aber, der alles mit angehört hatte, war dem jungen Herrn gewogen und hinterbrachte ihm den ganzen Anschlag. Abends legte sich der Schneider zu gewöhnlicher Zeit zu Bett. Als seine Frau glaubte, er sei eingeschlafen, stand sie auf, öffnete die Tür und legte sich wieder. Das Schneiderlein, das sich nur stellte, als wenn es schlief, fing an mit heller Stimme zu rufen: »Junge, mach mir den Wams und flick mir die Hosen, oder ich will dir die Elle über die Ohren schlagen! Ich habe siebene mit einem Streich getroffen, zwei Riesen getötet, ein Einhorn fortgeführt und ein Wildschwein gefangen und sollte mich vor denen fürchten, die draußen vor der Kammer stehen!« Als diese den Schneider so sprechen hörten, überkam sie eine große Furcht; keiner wollte sich mehr an ihn wagen. Also blieb das Schneiderlein sein Lebtag ein König.

Der Wolf und die sieben Geißlein

Es war einmal eine alte Geiß, die hatte sieben junge Geißlein. Sie hatte sie so lieb, wie eine Mutter ihre Kinder lieb hat. Eines Tages wollte sie in den Wald gehen und Futter holen. Da rief sie alle sieben herbei und sprach: »Liebe Kinder, ich will hinaus in den Wald. Nehmt euch in Acht vor dem Wolf. Macht ihm nur ja nicht die Türe auf. Wenn er hereinkommt, frisst er euch alle mit Haut und Haaren. Der Bösewicht verstellt sich oft, aber an seiner rauen Stimme und an seinen schwarzen Füßen werdet ihr ihn gleich erkennen.« Die Geißlein sagten: »Liebe Mutter, wir wollen uns schon in Acht nehmen, du kannst ohne Sorge fortgehen.« Da meckerte die Alte und machte sich getrost auf den Weg. Es dauerte nicht lange, da klopfte jemand an die Haustür und rief: »Macht auf, ihr lieben Kinder, eure Mutter ist da und hat jedem von euch etwas mitgebracht!« Aber die Geißlein hörten an der rauen Stimme, dass es der Wolf war.

Genau wie es ihnen die Mutter gesagt hatte. »Wir machen nicht auf«, riefen sie, »du bist nicht unsere Mutter. Die hat eine feine und liebliche Stimme, deine Stimme aber ist rau. Du bist der Wolf!«
Da ging der Wolf fort zu einem Krämer und kaufte sich ein großes Stück Kreide. Er aß es auf und machte damit seine Stimme fein. Dann kam er zurück, klopfte an die Haustür und rief: »Macht auf, ihr lieben Kinder, eure Mutter ist da und hat jedem von euch etwas mitgebracht!« Aber der Wolf hatte seine schwarze Pfote in das Fenster gelegt. Das sahen die Kinder und riefen: »Wir machen nicht auf! Unsere Mutter hat keinen schwarzen Fuß wie du. Du bist der Wolf!«
Da lief der Wolf zu einem Bäcker und sprach: »Ich habe mir den Fuß gestoßen, streich mir Teig darüber!« Als ihm der Bäcker die Pfote bestrichen hatte, lief er zum Müller und sprach: »Streu mir weißes Mehl auf meine Pfote!« Der Müller dachte, der Wolf wolle jemanden betrügen, und weigerte sich. Aber der Wolf sprach: »Wenn du es nicht tust, so fresse ich dich!« Da fürchtete sich der Müller und machte ihm die Pfote weiß. Nun ging der Bösewicht zum dritten Mal zu der Haustür, klopfte an und sprach: »Macht mir auf, Kinder, eure liebe Mutter ist heimgekommen und hat jedem von euch etwas aus dem Wald mitgebracht!«

Die Geißlein riefen: »Zeig uns erst deine Pfote, damit wir wissen, dass du unser liebes Mütterchen bist.«

Da legte der Wolf die mit Mehl bestreute Pfote ins Fenster. Als die Geißlein sahen, dass sie weiß war, glaubten sie, es wäre alles wahr, was er sagte, und machten die Türe auf.

Wer aber hereinkam, das war der Wolf! Die Geißlein erschraken und wollten sich verstecken. Das eine sprang unter den Tisch, das zweite ins Bett, das dritte in den Ofen, das vierte in die Küche, das fünfte in den Schrank, das sechste unter die Waschschüssel, das siebente in den Kasten der Wanduhr. Aber der Wolf fand sie alle und machte nicht viel Federlesen: Eins nach dem andern verschluckte er. Nur das jüngste Geißlein in dem Uhrenkasten, das fand er nicht. Als der Wolf endlich seine Gier gestillt hatte und kein Geißlein mehr zu finden war, trollte er sich fort. Er legte sich draußen auf der grünen Wiese unter einen Baum und fing an zu schlafen.

Nicht lange danach kam die alte Geiß aus dem Walde wieder heim. Ach, was musste sie da erblicken! Die Haustür stand sperrangelweit auf: Tisch, Stühle und Bänke waren umgeworfen, die Waschschüssel lag in Scherben, Decken und Kissen waren aus dem Bett gezogen. Sie suchte ihre Kinder, aber nirgends waren sie zu finden. Die Geiß rief sie nacheinander bei ihren Namen, aber niemand antwortete. Endlich, als sie an das jüngste Geißlein kam, da rief eine feine Stimme: »Liebe Mutter, ich stecke im Uhrenkasten!« Da holte die Mutter das junge Geißlein heraus, und es erzählte ihr, dass der Wolf gekommen wäre und die anderen alle gefressen hätte. Ihr könnt euch denken, wie da die alte Geiß über ihre armen Kinder geweint hat. Endlich ging sie in ihrem Jammer hinaus, und das jüngste Geißlein lief mit. Als sie auf die Wiese kam, so lag da der Wolf unter dem Baum und schnarchte, dass die Äste zitterten. Sie betrachtete ihn von allen Seiten und sah, dass sich in seinem vollen Bauch etwas regte und zappelte. »Ach, Gott«, dachte die Geiß, »sollten meine armen Kinder, die er zum Abendbrot hinuntergewürgt hat, noch am Leben sein?«

Da musste das Geißlein nach Hause laufen und Schere, Nadel und Zwirn holen. Dann schnitt die alte Geiß dem Bösewicht den Bauch auf. Kaum hatte sie den ersten Schnitt getan, da streckte auch schon ein Geißlein den Kopf heraus. Und als sie weiterschnitt, sprangen nacheinander alle sechs heraus. Sie waren alle heil und gesund, denn der Wolf hatte sie in seiner Gier ganz hinuntergeschluckt.

Das war eine Freude! Sie herzten ihre liebe Mutter. Die Alte aber sagte: »Nun sucht große Steine, damit wollen wir dem bösen Tier den Bauch füllen.« Da schleppten sie Steine herbei und steckten sie ihm in den Bauch, den die Alte wieder zunähte. Als der Wolf ausgeschlafen hatte, machte er sich auf die Beine. Und weil ihm die Steine im Magen so großen Durst verursachten, wollte er zu einem Brunnen gehen und trinken. Als er aber an den Brunnen kam und sich über das Wasser bückte und trinken wollte, da zogen ihn die schweren Steine hinein, und er musste jämmerlich ersaufen.

Da liefen die sieben Geißlein herbei und riefen laut: »Der Wolf ist tot!« Und sie tanzten mit ihrer Mutter vor Freude um den Brunnen herum.

Jacob (1785-1863) und Wilhelm (1786-1859) Grimm wurden in Hanau geboren. Bereits während des Studiums begannen die Brüder, Märchen zu sammeln. Die Märchen fanden sie zum einen in alten Anekdotenbüchern, Fabelsammlungen und anderen literarischen Quellen, zum anderen schrieben sie mündlich überlieferte Märchen auf. Diese Sammlung gaben sie unter dem Titel Kinder- und Hausmärchen (1812-1815) in zwei Bänden heraus.

Dagmar Kammerer lebt als freischaffende Künstlerin in Landsberg am Lech. In den letzten Jahren lag ihr künstlerischer Schwerpunkt auf Buch- und Kalenderillustrationen, dabei zeigte sie eine besondere Vorliebe für Märchenmotive. Sie hat bereits zahlreiche Kinderbücher, Märchen- und Adventskalender sowie Poster veröffentlicht.